허문정 시인

어린 애인

허 문 정 시집

시 와 사 람

국립중앙도서관 출판시도서목록(CIP)

어린 애인 : 허문정 시집 / 지은이: 허문정. --
광주 : 시와사람, 2018
p. ; cm. -- (시와사람 서정시선 ; 060)

ISBN 978-89-5665-515-4 03810 : ₩10000

한국 현대시[韓國現代詩]

811.7-KDC6
895.715-DDC23 CIP2018012262

어린 애인

■ 시인의 말

한 줄의 시가
나를 견인해 왔듯
내 한 줄의 시가
당신의 시린 등을 밀어주길.

2018년 4월
허문정

차례

2 연

3 나이를 찍다

1

달, 걷고 있다

나무 침대

등을 맞댄 그대
네 발 짐승으로 엎드려있다.
산을 걸어 내려와 내 집을 찾기까지
아득한 세월
이토록 헌신해야 할 당신의 속죄는 무엇인가

슬픔과 슬픔이 등을 맞대는 시간
차마 마주 볼 수 없어
오늘도 젖은
얼굴을 감춘 채 그대
나를 업는다.

나의 무거운 생을 업은
그대의 여윈 다리를 감싸며
늙고 병든 한 남자를 생각한다
언제 한 번쯤 엎드려
나는 아버지의 침대가 되어 줄 수 있을까

못 박기

또 시작이다
이층에서 못 박는 소리
마음을 애써 다독여 보지만
신경줄이 퍼렇게 날을 세운다

가슴 패이게 박혀오는 고통을
속울음으로만 견디는 벽, 그렇지
내 모진 못질에도 침묵하던
착한 가슴이 있었다

멍든 상처를 감추며 견디었을
어머니라는 이름의
그 침묵의 비명이
오늘은 부메랑으로 돌아와
가슴을 친다

불화살

어두운 밤길
자동차들이 질주한다
바람을 가르며
불화살이 날아온다
천둥번개 치는 날 그랬듯
나는 오늘 하루를 회개한다

숨어있던 부끄러움 하나가
마음의 어둠속에서
비척이며 나온다

저 붉은 화살에 의연해지려면
몇 번이나 더
가슴을 헹구어야하나

불화살 앞에서
맑아지는 속죄

가부좌를 틀다

삭발한 바위
산사의 계곡에 가부좌를 틀었다
풀잎 하나 화두로 머리에 이고
길을 찾아가는 막막한 길
잿빛 장삼자락이 물에 젖는다
경전을 새겨 짊어진 등
새 발자국 선명하다

길을 가다가 쓰러진 고목이
엎드려 절을 하는 동안
하루는 미운 심지 박고
하루는 뽑아내는
나의 미망을 어디에 내려놓아야 할지
시린 햇살 죽비로 뽑아들며
홀린 듯 하루해가 저문다

언제쯤 일어나
길을 찾는 내 등 다독여 주려나
가부좌한 바위 스님
주홍빛 노을이 눈썹 끝에 머물도록
눈을 뜨지 않는다

선암사*에 들다

푸른 와송 허리 굽혀
삼천 배를 하는 동안
이윽고 조선의 아기왕자가
첫 울음 터트렸다는데

유리알 같은 울음소리에
늙은 스님의 목탁소리 숨 가빠지고
범종이 울고, 풍경이 울고
목어는 또 얼마나 긴 울음 울었을까

물 위에 엎드린 승선교 넘어
산사를 돌아드니
와송은 아직 그 자리에 누워
깊은 참선 중이네

누워 사는 와송과 죽어 서 있는 고사목이
삶과 죽음의 경계를 허물고
얻고자 함도, 잃고자 함도 없는
이 큰 욕심을 무심이라 할까

산사의 바람소리에 젖은 몸

천년 와송처럼 내려놓으니
울고 싶은 날도
몇 날은 거뜬히 환하겠네
깊어지겠네

*조선 정조 임금이 100일 기도를 하였다는 절. 그 후 순조가 태어났다고 함.

바보 귀

행복재활원 마당 한 귀퉁이
전동차 한 대 굴러와
알 수 없는 소리 힘겹게 쏟아놓는다
외계인의 언어처럼 소통되지 않는
저 핏빛 말
밀어 달라는 건지
인사를 하는 건지
웃음인 듯 울음인 듯 막막한 얼굴
한참을 뭐라 하더니
두 바퀴 굴리며 간다
바퀴 굴러 간 자리
벌겋게 쏟아 놓은 말들이
핏물로 고여 있다
마음으로 읽어야 할 말을
들으려고만 했던

바보 귀

담장

허물어 본 적 없는 담장을
작은 트럭이 와서 무너뜨렸다
대문간에 지지대를 세우고
붉은 매직으로 '위험'이라 써 붙였다

담장 없는 일주일을 살며
대문 열지 않아도 밖을 나가고
이웃들과 말문이 트였다

찾아 헤맨 길이
마당 안에 있었다

언제쯤 담장을 말끔히 헐어내고
스스럼없이 너에게
마음을 풀어놓을 수 있을까

마음 안으로
트럭 한 대 질주해 온다

은방울 소리

명자꽃과 튤립 사이에서
은방울 소리가 났어
가장 향기로운 곳에 은방울을 달기 위해
밤새 줄을 당기고 조였을
늙은 거미
붉은 꽃들이 경배를 하였지
반짝이며 터지는
무명
어쩜 거미는
죽은 뒤의 사리가 궁금했을지도 몰라

고요마저 머물지 못하는
허공의 집
이슬방울 내걸고
적적함을 달래는 거미

부러진 내 부리에서도
짤랑짤랑
은방울 소리가 났어

해무

물의
마른 뼈가 타는
자욱한 연기

바다도 한 번씩
제 몸에 불을 질러
태워 버려야 할 무엇이 있나보다

나도
단단한 미움 하나 뽑아
연기 속에 던져 넣는다

타서 사라지는 것들의
저 비릿한 냄새

장엄한 바다의 다비식

빛나는 사리가 옥빛구슬로 구르는
파도소리

붉은 레몬

하늘에 별도 달도 없는
당신에게
내 육즙 한 방울 덜어 드리지
비쩍 마른 영혼에
초강력 미각을 일으켜봐
노란 내 이름만 들어도
진저리를 치는 당신을 위해
오늘은 붉은 가면을 쓰고 왔지

눅눅한 혀끝에
곰팡이 슨 사랑
내 시디신 눈물로 닦아내고
당신의 스러진 달과 별을 불러내어
흐린 눈에 반짝
맑은 꿈이 고였으면 좋겠어

식탁 위에 턱 괴고 앉은
붉은 레몬 한 조각

열정이 달다

씨엠립*의 눈물

코끼리 방울소리가 울릴 때마다
파랗게 터지던
가을 하늘
마디 깊은 슬픔도
한 줌 가벼워졌다

가난이 쉽지 않은 풍경 앞에서
1달러 팁에도 두 손 모으고
발가락이 부채살 된
맨발의 무희

나도 당당히 발을 내밀고
이국의 소녀에게 맛사지를 받는다
평생 위로 받지 못한 발을 위로 받는
자기연민 속에
애써 밀어 넣는 눈물 위로 포개지는
수상가옥 깨복쟁이 아이들

갑자기 튀어나와 귀청을 찢는
내 안의 코끼리 울음

*씨엠립 : 캄보디아 북서부에 있는 도시

길

하루 일에 지친 차들이
길가에 엎드려
눈을 붙이고 있다
길이 없다면 저 노숙자들은
어디로 가야했을까

길은 벼랑까지 가 보아
끝이라고 여긴 곳이 끝이 아님을 알기에
펄펄 끓는 차의 심장을 녹여주며
고단한 손을 잡아준다

도시의 변두리
굽은 허리 자갈자갈 앓는 길

어느 날 문득
길들이 몸져누우면
우리는 저 많은 노숙자들을 데리고 어디로 가야하나

몽땅

저는요
마음을 몽땅 들고 다녀요
사람들은
반은 집에 두고
반만 들고 나와 그마저도
살짝만 열어 보인다는데
몽땅 들고 나와
와르르 쏟아놓고 뒤늦게 주워 담느라
가끔은
진땀 뺄 때가 있다니까요

열두 대문 걸어 잠근
양배추 속보다
그냥 활짝 열어 보이는
젤리 피시가 좋으니

어쩌겠어요
미워도 다독이며 조심조심
살아가야지요

그림자

나를 수행하는
깊고 낮은 수묵화

내가 어둠에 들어야
붓을 놓는 고단함은
나 한 줌 재가 되어야
비로소 자유로운 영혼이 될까

늘 가까이서 속삭이는
너의 침묵의 언어를 듣지 못하여
따뜻한 대답 한 마디 전하지 못했다
의미있는 눈길 한 번 주지 못하고
너의 존재를 잊고 살았다

불을 끄면 어디 웅크리고 잠을 자는지
그리워 골목을 서성이면서도
촛불 하나 밝혀주지 못하는 나는
오늘도 아득히

너에게 발만 닿아 있다

위로 볼록 아래로 오목

위로 볼록 아래로 오목 함수와 그래프를 설명하는 목소리
아득해지고 눈에서 떨어지는 졸음이 책상위에 수북이 탑을 이뤘다
털어내도 털어내도 엿가락처럼 달라붙는 졸음에 숫자들은 비틀거리고
달리던 펜마저 슬그머니 누웠다

창을 넘어 온 팔이 긴 바람 아까시 향기로 코끝을 간질이고
x와 y값이 마이너스일 때와 플러스일 때 혹은 한쪽만 마이너스일 때
그래프 모양은 어떻게 변하는지 정답을 고집하던 선생님은 보약처럼
백묵가루를 마셨지 위로 볼록 아래로 오목 입이 닳았지

잠결에 탄환처럼 날아오던 백묵 동강이
오래전에 함수와 그래프 공식은 날아가고 없지만 아직도
귓속에 살고 있는 아련한 그 남자 목소리
위로 볼록 아래로 오목

공중부양

내가 지적으로 보인다는 여인의 말에
냉큼 시집 두 권을 건넸다
칭찬받고 싶은 어린애가
내 속에 살고 있었다

나도 누군가의 마음으로 건너가
방방 뜨는 풍선을 달아주는
환한 말 몇 마디쯤
주머니에 마련해두고 싶다

빛나는 말 한 마디가
우리를 공중부양시킨다

종이 컵

짧은 생 마치고
온몸 구겨진 내가
쓰레기통에 쪼그려 앉아
울고 있어요

황홀한 그대 입술의 흔적은
뜨거운 그리움으로만 남아있을 뿐

단 한 번이라는 말
함부로 하지 마세요
그것은 나에게
꽃보다 붉은 상처니까요

달, 걷고 있다

걷는 일이 그의 생이지만
밤새워 이슬 밭을 걸어도
버선발이 젖는 걸 보지 못했다
가끔 발부리가 나뭇가지에 걸리고
산 중턱에 앉아 쉬어가기도 하면서
생의 고단함에 조금씩
여위어 간다

바닥을 쳐 본 자 만이
다시 일어설 수 있다는 것을
그는 체험으로 알 수 있기에
깜깜한 절망 속에 갇힐 때에도
소생의 꿈을 놓지 않는다
그는 오직 걸을 뿐이다

하늘 숲 어딘가에 있는
그의 집이 궁금하여
하늘 한 귀퉁이 잡아당겨 보면
길들은 구불구불 구겨지고
우우우 별들이 한 쪽으로 쏠린다
언어를 잃어버린 그는 밤마다

치매 든 외할머니처럼
묵언 속을 걸어가고 있다

뱀과 나

담 밑에 엎드린 뱀과
어미라는 나

가장 낮은 곳에서
울음소리마저 잃어버린 채
앞만 보고 살았다

어느 날 하루
이제 허물 곱게 개켜두고 늦기 전에
꽃담이라도 올라볼거나

하늘 가까이의 햇살과 풀빛 같은
푸른 자유가 있는
그곳

너와 나
우리는
천국의 황녀가 아닐까

사글셋방

바람이 제집이라며 창문을 흔들어대고
여름에는 호떡처럼 사람을 굽는 집
관절이 아픈 문들이 삐걱거린다
초인종은 건망증에 걸려
울다 말다

속죄하는 심정으로
계단과 초인종을 고치고
싱크대와 세면대 커튼을 새로 했더니
이번에는 누렇게 바랜 벽지가 쏘아본다

이층 독채
방 세 칸에 거실 욕실 입식 부엌
도시가스 월 삼십만 원
사랑방 신문에 내던 광고

나는 가난한 이들의 설움보다
방바닥의 긁힌 상처가 더 마음 상했었다

살다간 인연들에게 미안하다

쑴벙쑴벙

열 달씩 보대껴
네 아이 낳아 길렀으니
이제 쑴벙쑴벙
꿈이나 낳아야겠다
시나 낳아 길러야겠다

구면의 역겨움은 입덧
창작은 진통
시 낳는 일이
아이 낳는 일과
무엇 다르랴

쓸 만한 녀석 하나 쏘옥 뽑아내면
내일은 유명시인 반열에 오를까
쑴벙쑴벙
쓰다보면
조각돌처럼 반들반들한
효자 시 하나 나오겠지

일생이 낳는 일
시인은
오늘도 산고에 시달린다

종이밭을 일구다

시(詩)밭을 일군다
곡괭이 펜으로 백지 위에
이랑을 만들어 종자를 뿌린다
두 장 떡잎에 여무는 말씀
쭉정이는 버리고
실한 놈만 추리는데
매 농사마다 흉작이라
그루터기에 앉아 생각이 갈린다
물과 바람의 이야기를
모종할까
새의 노래를 고랑 가득 뿌려볼까

얼마나 더 김을 매고 거름을 줘야
윤나는 글 나무가 자랄까
백야에 길을 잃고 헤매는
나의 펜이여
고뇌하는 장승이여

오!

소주

한 모금이

입꼬리에 닿기도 전

맑은 눈물이

달

다

 달고 깊다

체
념
처
럼

깊다

점치는 수녀

뒤에 앉은 수녀님이 뜬금없이
점을 쳐 준단다
점집에 들려본 적은 있어도
수녀님의 점은 처음이라
점괘가 궁금하였다

사주도 묻지 않고 고개만 숙이라기에
용한 점쟁인가 보다며 고개를 숙였더니

목덜미에 있는 검은 점을
손가락으로 톡 톡 쳐주신다
수녀님은 참
점도 쉽게 잘 쳐주신다

연두 지느러미

사내의 가슴을 물결치는
사랑 지느러미는
연두 빛깔
잎 피고 지는 몸은
언제나 푸른 봄날

꽃 입술에
가늘고 흰 손가락
거문고 타는 그녀의 모습
꿈결인 듯
아른거리는데

매창은 어디 있나

명주고름 고이 접고
조용히 눈물 닦는
부안골
비석 하나

물

이슬이 자라 바다가 될 때까지
작은 물방울의 어미가
바다라는 것을
어미의 품은 그래서 넓다는 것을
미처 알지 못 하였네

바다의 아기가
내 눈물방울
그래서 바닷물이 짜다는 것을
그대는 알았던가

세상을 거스르며 파도처럼 솟구칠 때는
나 하나뿐이더니
유순해진 마음 바다
먼지 한 톨
물방울 하나
내 분신 아닌 것이 없어라

뜨거운 눈물이 발등에 떨어진 후에야
알았네
바다와 내가
한 몸인 것을

2

연

아버지의 등짐

거친 숨소리
발굽 아프게 걸어온
네 다리가 빛난다

걷고 또 걸으며
모래언덕을 넘어 와
등에 뿔을 지고 잠을 자는
아픈 남자

노동의 고단함을 내려놓지 못하고
잠결에도 웅얼웅얼 되새김질 하는
아버지는
아픈 다리 일으켜 또
새벽의 모래 언덕을 넘는다

사막을 횡단하는 아버지의 등은
오래 전부터 낙타였다.

염소즙

흑염소 한 마리가
백 오십 개 비닐 팩 속에 들어가 있다

아버지가 만든 염소즙
한 봉지 따르는데
울컥
목울대에서 나는 염소 소리
아이라인이 번져
얼룩무늬 염소 눈이 된다

뒷걸음질 치는 염소
엉덩이 밀어내며
착한 죄값을 치렀을 아버지
옥수숫대처럼 여윈
당신의 몸 제쳐두고
자식 먹일 생각에 환하셨겠지

뜨거운 가슴으로
아버지의 염소즙을 마시는
가을 아침

뜨거운 이름

텅~
불꽃 일렁이는 화장실의 문이 닫힌다

무심히 전광판에 쓰여지는
'화장 진행 중'
'화장 종료'
'냉각중'이란 글자들이 가슴을 친다

그 무겁던 생이
스포츠 중계하듯 몇 개의 문자로
사라지다니
떠나는 이름 앞에 쓰여진
'고인'이란 검은 글자 또한 무표정인데
목 놓아 우는 어린 상주의 눈물만이 진실이다

그 눈물에 나의 눈물을 더하는 것은
나의 마지막 날
상주 되어
굵은 눈물을 삼키고 있을 아이들,

그 뜨거운 이름 때문이다.

눈물

아버지는 저승의 강을 건너려고
저리 몸을 말리는 중일까

벽에 기대 잠을 설치면서도
칼국수가 먹고 싶다기에
서둘러 만들어 드렸더니
눈으로만 드신다 면발이
통통 불었다

“느 엄마 손맛이 아니구나”

남아있는 시간의 경계에서도
추억은 그리움이 되는 것일까

여윈 등 뒤에서 훔치는
눈물이 뜨겁다

상복을 벗으며

저승길 떠나며 몇 번을 고개 돌리셨을까
피붙이들 작별인사에
귀가 시렸을 아버지

머리 위 하얀 나비 날려 보내며
눈물 고인 상복 벗는다

마당에 나와 눈 맞추는
초사흘 달
야윈 몸 살찌워 가듯
병석에서 신음하던 고통 잊고
평온해지시겠지

손 흔들던 자식들
삼우제 지내려 이틀 밤을
숲속 펜션에서 머물며
삼겹살에 소주잔 기울이는데

슬픔은 안개처럼
망각의 늪을 건너가 버린 것일까

왁자한 웃음소리 숲을 흔든다.

밥을 지으며

이철수*씨는 외길 32년에
指紋에서 밭이랑을 보고
한 구절 말은
선시가 되는데

밥 짓기 32년의 내 경력은
어느 경지에 이르렀을까

스위치 하나로 밥을 지어내는
단순하고 권태로운
일상의 도 닦기에서 터득한 건
게으름 뿐, 그 세월에
반듯한 시 한 줄도 뽑아내지 못하다니

타닥타닥 목탁 치듯
장작불 타는 소리에 귀 모으며 밥 짓던
어머니의 정성이
오늘은 새삼 그리워지는데.

*목판화가 이철수

억새꽃

한겨울 눈밭에
침묵의 말씀
내린다

입도 귀도 바람에 내어주고
손만 남은
억새꽃

억새의 수화(手話)처럼
아버지 마지막 말씀도
수화(手話)였다

억새처럼 말하고
억새의 마른 눈물 흘리다
억새 들판에 누운 아버지

눈밭에 서서 나에게 손짓하는
그 분의 여윈 손이
빙벽처럼 시리다

늙은 말

닳아버린 발굽에
부러질 것만 같은 등
노쇠한 말은 그래도 뭣이 좋아
저리도 엉덩이를 출렁이는지

손자들 성화에
진통제를 삼키며
엉금엉금 기어가던 말

염사는 잔등이 끊어질까봐
말을 반듯이 눕히더니
손발마저 꽁꽁 묶어놓았다

육남매에
손자까지 태워 주던
늙은 말

날개 솟은
天馬 한 마리
허공을 날아오른다

엄마!

가난한 별들

별들도 아이를 낳아
하늘은 별천지다
노잣돈도 없이 하늘에 간 사람들
가난한 별이 되어 노숙하기 십상이다
따뜻한 방 한 칸이라도 마련했을까
오늘도 눈 붙일 곳을 찾아 떠도는
어린 별 남매

가난을 꽃처럼 안고 다니시던
엄니 아부지
천국에서 재회하여 나도 모를
새 동생을 낳고
사글셋집 찾아 발 동동 구르는 건 아닌지
어둠이 칸칸이 들어선 하늘
낙하하는 꼬리별이 명치끝에 박힌다

스카프

산의 목에 휘날리는
하얀 스카프
홀린 듯
바람 따라 올라보니
산벚꽃 환하게 피어있네
문득 목주름 많던 어머니 생각 나
쪽빛 하늘 올려다보니
하롱하롱
젖은 눈을 가리는
하얀 꽃잎

어머니의 낡은 스카프
한 오라기

어머니의 미소

호박잎에 보리개떡
몇 번이고 싸
먼 산허리 돌아
무명수건 쓰신 어머니
달려 오셨네

당신은 어느 이국의 유목민 이었을까

품앗이 새참에
떠돌이의 슬픔 같은
눈물이 아롱아롱
풀이파리마다 저녁 이슬로 맺힐 때
마른 밤바람에 어둠을 털어내며
달려 오셨네

주렁주렁 육남매
이제는 흩어지고
북적이던 그 시절 흔적을 안고
병 깊은 육신만 덩그마니 남으신 어머니
그래도 다시 돌아보면
꿈보다 맑은 빛깔로
당신은 웃으셨다

함선을 닦다

현관에서 아들의 운동화가 졸고 있다
세상을 거침없이 달려 이 곳 저 곳
상처 받고 지친 함선 두 척
아기 목욕시키듯 물에 담가 비누칠을 하니
꼼지락 꼼지락 발가락이 간지러워
자지러지게 웃는다

유년의 작은 발이
스무 개쯤은 들어갈 거대한 배가 되어
이제는 내 신발을 넌지시 넘겨다본다
큰 바다와 싸워도 거뜬하겠다

산뜻하게 목욕을 마친 함선 두 척
신바람나게 세상을 향해 항해를 떠난 뒤에도
사랑은 다만 아쉽고 그리워
나 물끄러미

정박 중이다.

꽃밥

볶음밥이 되려다
오므라이스가 된
딸이 내미는
수북한 밥 한 공기

44사이즈 제 몸이 표준인 양
66사이즈 엄마를 뚱보라 놀리더니

이제 나를 무슨 하마쯤으로 여기는 건지

제 마음 빛깔 노란 지단 위에
토마토케첩으로 그린 붉은 하트

볶음밥도 오므라이스도 되지 못한
어설픈 한 공기 밥이지만

나에게는 꽃밥

꽃보다 고운
딸의 사랑을 먹는다

별리

연어는 알을 슬기 위해
강을 거슬러 오르지만
나는 알 하나 부리러 거슬러간다
허름한 원룸에 쌀 한 됫박
새콤한 김치와 나의 당부를
머리맡에 놓아두고
물고 간 새의 노래
바람 한 줌
풀어놓을 것이다
냄비 하나를 알과 함께 두고 올 것이다

2월 하순
바람은 차고
걱정은 많아지는데
아들은 귀찮은 듯
이어폰을 꽂는다
사랑,
이젠 너를 부리기 위해
물방개 같은 차를 몰고
서울로 간다

주방의 어르신네

냉장고 문짝이 내려앉았다
한순간도 쉰 적 없으니
뼈마디 녹아내릴 만도 하지

버려야지 하면서도 못 버린
쑥부쟁이 나물,
말라버린 더덕 뿌리
시골에서 올라와 몸도 풀어보지 못한
검은 비닐봉지 속
참깨, 대추, 말린 토란대, …

자식들 배부르게 먹이려는 어머니 마음을
가득가득 등짐지고 용케도 견뎌왔다

이제 나이 들어 뼈마디 아픈
주방의 어르신네
냉장고 문짝 내려앉던 날
그렁그렁
가래 끓는
어머니 모습 포개진다

연

나는 탯줄을 자르지 못했습니다
창공을 활보하는 것도
당신이 마음 조이며 바라보는 것도
탯줄을 자르지 않은 때문입니다

질긴 인연의 끈처럼
탯줄을 잡아당기기도
풀어주기도 하면서
눈을 떼지 못하는 당신

놓지 마셔요
당신의 구속이 나는 행복합니다

바람의 노여움에 탯줄을 부여잡고
함께 흔들리는 당신
당신이 손을 놓으면
나는 우주의 미아로 떠돌며
사랑을 추억하는
아득한
새가 되고 말 것입니다

꽃병 속에서

안개꽃이 장미꽃을 안고
일주일을 환하더니
낮빛이 어두워진다

처음 만나 뜨겁던 사랑
마지막까지 놓지 않고
한 생을 웃고 가는
이 고운 종말이여

함께 하면
죽음도 향기롭구나

어린 애인

어둠에 하루를 부리고
몸을 뉘인 시간
내 쓸쓸한 젖가슴에 얼굴 묻는
고운 임
별밭 초록강물에 세수하고 왔는지
폴 포올
봄풀 냄새가 난다

절간처럼 적막해져버린 몸에
다시 환한 불이 밝혀지고
청춘의 어느 밤처럼
가슴 더워지는 밤
배냇저고리 입으시고
품에 안긴

오오 내 고운 애인이여

세 알

대추알처럼 붉은 것
한 알
투명하고 말간 것
두 알
손바닥에 올려놓고
들여다보는
세 알

아이들이 사다 준 영양제
하루 세 알씩 몸에 심으면
황폐해진 몸에도 다시
새싹 돋을까

내 몸에 뿌리 내리고 자란 아이들은
어느새 푸른 청춘인데
내 얼굴에 비치는
노을빛

아직 남은 마음 속 찬연한 꿈을 위해
고개 젖혀
씨앗 세 알 파종하는데

젊은 날의 풍경 일렁이는 손끝에

뚝!
눈물 한 방울

흰 누에 고치 틀다

사각사각 뽕잎 갉아
싸래기 같은 똥 싸면
비워둔 채반 옮겨
푸른 뽕잎 얹어주던
조막손

할머니 영정 사진에
자운영 밭 한 뙈기
울어 버린다

첫 잠 자고
두 잠 자고
막잠 잔 상주들
어미의 고치 집 지으러
언덕 하얗게
오르는데

명주실로 뽑아내던
가난
뚝
뚝

끊어내고
할머니
고치집 틀고
들어가셨다

사모곡

검버섯도 꽃이라는데
황혼에 물든 석양빛 저리 고운데
아까워 어찌 두고 가려는지요?
얽히고 설킨 링거 줄이
부질없는 동아줄이 아니길 기도 합니다

홑치마에 벌겋게 언 다리
동장군 추위도 견디셨는데
그깟 암세포덩이 하나 못 이기실까요

항암주사에 머리털이 다 빠지고
눈자위 휑한데
요양원도 싫다 간병인도 싫다
사는 날까지
나 하고 싶은 대로 하고 산다며
올해도
비료를 열두 포대나 샀다지요

자식들 죄 닦음으로
그 업 대신지고 가려는 건 아니신지요?

저승사자 앞장서거든
더도 말고 덜도 말고
백 살 까지만 살다간다 말씀 하세요

당신의 이름 하나에
목이 메는
어머니

3

나이를 찍다

나이를 찍다

누구일까
코스모스 꽃 속에서 시들게 웃고 있는 사람
초록을 삼켜버린 단풍처럼
푸른 생을 삼킨 얼굴

꽃숲에 얼굴 묻은
사진 한 장
수북한 나이가 찍혔다

코스모스야 미안하다
네 고운 자리 누추할라

마음만 말간 소녀
접지도 무너뜨리지도 못해
힘겹게 받쳐든 나이를
갈바람이 흔들고 간다

신혼 일기

접시 깨지는 소리에
발보다 먼저 달려오던 당신의 눈
엉겁결에 신문지로 파편을 덮고
양심도 덮었지
표정을 꽁꽁 싸매고는 있었지만
가슴 속에서는 쿵쿵 도깨비가 뛰어다녔어

보이지 않는 것을 말하는 건 예의가 아니라서
당신은 입을 꼭 다물었지만
뒤통수에 아프게 꽂히던 화살

마음의 부리 깊어
눈빛을 마주할 수 없었지만
곰곰 생각해보니
가난이 죄

우리는 둘 다 무죄야

개켜둔 눈물주름 펼쳐보니

시계 초침 소리를 세다가
어둠을 한올 한올 찢어발기다가
잠든 아이들 발등에 입 맞추다가
인연을 덧대야 할지 잘라내야 할지
밤새 마음을 뒤집다가

퉁퉁 부은 눈으로
새벽밥을 짓던
잿빛 날들아
그 시절 개켜둔 눈물주름
이제 와 펼쳐보니

닳고 닳아
무디어진 슬픔들
올올이 영글어
꽃으로 피어있네

마음과 마음을 포개는 일
때로는
망각도 환한 기쁨이네

송편

어머니, 반죽 어떻게 해요?
느 집에서 그것도 안 해 보았냐?

새댁은
눈물 개어 송편을 빚고
매운 시집살이 청솔잎에 얹어
가을 산 끌어다 불을 지폈다

싼내 나고
물러터진 송편들이
마음 아프게 헤집던
그 해

그래도 처음 만든 송편
한가위 달 반으로 뚝 잘라 놓은 듯
하얀 접시 위에서
참 유난히도 밝은 신혼이었다

날된장

된장독을 여니
검게 변색된 된장이 세월을 삭이고 있다

노란 된장을 찾아 굴을 파던
새댁 시절
혀를 차던 그 눈초리마저
이제는 그리운데

한 덩이 된장이
갈라파고스 섬 절벽 같다

화해하지 못하고 보내버린
비애 같다

밥을 물에 말아
날된장을 찍어 먹는데
아득하고 먼
오월의 장미처럼
치밀어 오는 설움

위(胃)가 사랑 꽃처럼 아프다

내 마음의 기차

나는 청보라색 산머루에 눈 맞추고 달리는 중이네
오랜 옛날을 넘어
비탈길을 오르고 가시덤불에 허우적이면서도
심장의 엔진은 끄지 않았네
이제는 속력을 조금 늦췄을 뿐
쉬어 가지도 멈추지도 않는다네
사랑도 먹어 보고
눈물도 먹어보고
긴 터널처럼 어두웠다 환해지는 세상
어느 한 순간 기차는 멈추고
나는 생존의 모닥불을 피워야할 때가 올 지도 모르네
그때는 기차를 먼저 손 흔들어 보내고
아련히 물결소리를 듣겠네
그러나
마지막 식지 않은 목소리로
내 육신의 씨앗들 이름을 하나씩 부르며
환하고 둥글었던 내 마음의 기차를 떠올리겠네

경계

연말에 나이트 가서 한 번 흔들어 보자는
여인들 말에
흔쾌히 OK 했더니
나 때문에
입장불가 될지도 모른단다

아무리 숨겨봐야 소용없는
무거운 나이 때문이라는데

문 앞까지 가보고 안되면
나를 버리라며 웃었지만
가슴 속엔
싸락눈이 쓸쓸히 내린다

주책없이 흘러나오는
나이가
너와 나의
경계가 되다니

새벽 문을 여는 이

서서히 열리는
새벽의 문

날이 밝아 올 때를 기다려
문을 여는 이
누구일까

단잠을 잘라 허공에 뿌리는
그의 알람시계는 어디에 걸어 두었을까

오늘은 더디게 어둠이 가시고
가쁜 숨결로 안개 자욱한 걸 보니
그의 팔뚝도 노쇠한 걸까

뒷그림자도 없이
침묵으로 문을 여는

당신이 궁금하다

달빛

뒤따라오던
그림자
벽에 부딪쳐 목이 꺾인다
달빛은 무엇 때문에
내 순결한 그림자의 목을 꺾는가

인적 없는 골목에서
달빛이
광기를 부리는 밤

묵연히 담벼락 앞에선
내 목이 아프다

가을비에 젖다

오랜만에 남편과 가구점에 들러
침대를 골랐다

퀸과 킹의 너비는 겨우 한 뼘 차이인데
가격은 엄청 차이난다
경제성을 이유로 퀸을 사려는데
남편은 편히 자자며 킹을 고집한다
한참 실랑이를 하다 보니 문득
가슴 한쪽이 서늘해진다

배춧잎처럼 꼬옥 포개 자야 행복하다던
내 사랑이 언제부터
간격을 넓혀야 편해진 걸까

아직도 잠자리를 밝히냐는 듯
헤실헤실 웃는 주인을 뒤로하고

킹사이즈를 주문하고
가구점을 나서는 내 마음의 수수밭*이
가을비에 젖는다

*천양희의 『내 마음의 수수밭』에서 인용

환한 풍경

밥을 안치고
생선을 지지는데
지팡이 더듬이 삼아
아픈 다리 건너오신다
현관문을 여신다

얼갈이김치에 돼지고기 수육
조물조물 삼색나물
동네잔치 한답시고
발을 동동 구르는데
홍어 한 볼테기 입에 넣어주며

잡솨 봐
잡솨 봐 하는
하얀 틀니

나더러 참 복스럽게도 먹는단다

왁자한 동네잔치 끝나고
팥고물 묻힌 찰떡을 한 덩이씩
나눠드리는데

내 마음밭이 어찌나 찰지던지

사람들이 좋아 좋은 땅 차지하고 산다는 덕담에
가슴밭엔 벌써
고사리 순 어린 싹이
빼꼼이 얼굴 내민다

하분마을 동희네

자운영이 꽃이라 했더니
나물도 된다며
팔목을 끌어
덤덤히 봄을 깔고
녹슨 칼 들이대는
동희네

소 먹여 아들 둘 대학 보내고
밤이면 부엉이가 내려와 우는 마을
낡은 콘테이너 박스가 그의 보금자리지만
착한 소들과 눈 맞추며
털털털 경운기 모는
남자가 된
동희네

부끄럼 가득한 마당에
조심조심 캐다 심은 할미꽃 졸고
담장에는
엉덩이가 예쁜 조롱박이 걸렸다

일에 군살 박혀도

속내는 천상 여자

오늘은 자운영밭에 앉아 주섬주섬
보랏빛 추억을 소쿠리에 담는다

불면

어둠의 허공을
팔랑팔랑 날아다니는
잠

잠의 날개를 잡으려
손을 뻗치면
생생한 잠은 담을 넘고
자근자근
가슴을 밟고 지나는 바람

모자를 깊숙이 눌러쓴
스탠드만 환하게 웃는
어둠 속에서
생각의 껍질을 벗겨내는
불면의 노동

이마 위에
아침이 와 있다

가을 연가

호숫가 찻집에서
아메리카노 한 잔을 마신다
타닥타닥
장작 타는 소리
노란 주전자 입김에서 허브향이 난다

가을 깊으면
나무도 내려와 제 떨어진 잎을 줍고
그림자를 거둬 가는데
아직도 내게서 거둬가지 않은
그림자 하나

휴대폰을 만지작거리니
기억을 잃어버린
숫자들의 아픈 비명

창밖을 서성이는
마음 귀가 시리다

주부의 손

창밖엔
뿌연 안개비
온기어린 이름도
안락의자도 없네

내 안의 도깨비는
헛 스윙만 날릴뿐
수북수북 쌓이는 일들을
물리치지 못하네
샛별이란 고운 이름 어디 두고
개밥바라기별이 되었던가

시든 우유 한 잔으로
목을 축이며
오늘도
고단한 두 손에
쉼표 하나 그려 넣지 못하네

원추리꽃

소리만 남고
바다가 없는
태종대

하늘과 바다
비와 안개가
경계를 허무는데

자살 바위 아래
깜찍한 혼 하나
살아
긴 목 내밀고

남의 서방
훔친 년처럼
희미하게 웃는
원추리

순장

회 접시
천사채 위에 얌전히 누운
돔 한 마리

동백꽃 한 송이도
그 곁에 누웠다

동백꽃의 순장

도미는 몸 보시하고
흰 무덤만 남았는데
그 자리에 홀로 누워
서러운 동백꽃

흰 무덤가
삼 년은 환하겠다

명아주

명아주를 모른다는 나에게 친구는 명아주를 뽑아다
건네었다 크린 랩 맑은 옷을 입혀 명아주를 모셔왔다
나와 눈 마주치기 싫다는 듯 고개 숙인 명아주
진맥 하듯 찬찬히 살펴보니
발끝부터 하나씩 비우고 있다

가벼워지는 몸
물에 꽂아 응급조치를 해주었으나
가쁜 호흡으로 유언 남긴다

-더는 연한 목숨 해치지 마세요-

늘어진 몸 감싸며 참회해 보지만 흔들어도 흔들어도
소생하지 못한 그분처럼
작은 버선코 하늘로 돌린 명아주

명(命) 아주 끊겼다

산

들녘 한 자락 깔고 앉은 그대는
득음 수행하는 소리꾼인가

자진모리 휘모리
몰아치는
숨소리 혹은
산짐승 들짐승 울음에
꽃 지는 소리까지
판소리 열두 마당으로 풀어내어
완창을 하고도
일어서질 않는다

이마에 맺히는 땀방울
청댓바람에 후둑이는데
득음의 길은
아직 아득한 것인가

그대 무릎에 사계절이 진다.

제비꽃

살그머니 바람타고 날아 와
씨앗 한 톨
베란다 철쭉 화분 속에
비밀처럼 묻힌다

허락 없이 몰래 스며든 주제에
주인 보다 먼저 꽃망울 터뜨리고
차마 민망해 고개 숙이는
보랏빛 얼굴

내일은 그림 같은 집 한 채 마련해

제비꽃, 제비꽃

작은 문패라도
달아줘야겠다

그 분

따뜻한 손으로 문 열고 들어와
길게 누우신 분
대체 오늘은 몇 집이나 돌았기에
저리 곤히 잠들었을까
억겁의 세월에도
금빛 환한 몸
유년에 뭘 드셨기에
지치지도 않는가
문 여는 소리에 잠깨어
슬슬 뒷걸음질 쳐 나가는데
언제 한글을 깨우쳐
내가 읽던 책마저 읽고 가는가
괄호 속 한자도 읽었을까
오늘은 옷자락 붙잡고
숙박료라도 내라고 으름장을 놓아 볼까
내 속을 다 안다는 듯
당신이 다녀가고 나면
고슬고슬해지는 마음자리

햇살이여
당신은

오래 전에 떠나신
나의 그분일까

구름

눈치 빠른 네가
내 손가락 사이를 빠져 나가려 하지만
난 너를 뭉쳐 볼 거야
눈밭에서 몰려오는
흰 구두 신은 양떼들 좀 봐

부풀어 오른 네 털을
유년의 빵처럼 뜯어 먹고
너의 보드란 옷자락에 감겨 춤을 출테야
외로움도 허기지면 뭔가를 먹고
너울춤을 추기도 하지
산들도 얼굴을 묻고
젖고 있잖아

떠돌다 어질병이 든 네가
나를 적시기 전에
나는 저 만큼 달아나
처마 밑에 턱 괴고
눈물 많던
주름진 사람을 떠 올리겠어

먼저 젖겠어

내비게이션

지리산 모 콘도에서 시어머님 팔순잔치하고 돌아오는 날
승용차 뒷좌석에 앉은 어머니 화들짝 놀라며
야야, 저 처자가 어떻게 내 나이를 알고
팔십, 팔십 한다냐?

더러는 핸드폰을 핸드백이라 말하기도 하지만
문자 오는 것도 척척
기억력도 초롱초롱
어머님의 지식 창고는 늘 차고 넘치지만
아직 발 디디지 못한 낯선 단어 내비게이션
단풍잎에 돌돌 말아 추가 하는데
가을산을 떼굴떼굴 구르는 우리들 웃음소리

4

빨간 엄지발톱 두 개

빨간 엄지발톱 두 개가

빨간 메니큐어를 바른 엄지발톱 두 개가
샌들 밖으로 고개를 내밀고
세상을 살핀다
신발 속 무명이
꽃으로 만개하여
활짝 웃는다

빈 박스 농을 걸고
이빨 빠진 보도블럭
앙탈을 부리지만
길섶에 반짝이는 동전 하나
이마에 쏟아지는 부신 햇살

새콤한 바람에
갇혀있던 울음 노래가 되어
신기한 듯 타박타박 앞서가는
빨간 발톱 두 개

쫑긋 귀 세워
잃어버린 길을 찾아
나를 이끈다

내 안의 화원

나이 열다섯에 문을 열어
붉은 꽃숭어리 만발하던
내 안의 화원

그 부시던 세월이 바람에 흩날리고
이제는 집이 낡아
폐업 한다네

고운 아이들
꽃으로 피워내더니
이제 작은 꽃대 하나 밀어 올리지 못하고
저물녘 노을 되어
속울음 운다네

늦가을 쯤
우리는 지상에서 마지막 이별을
예감 하네

속옷

숨이 막혀요
얼굴 좀 내밀면 안 되나요

은밀한 곳의 비밀을
발설하는 것도 아닌데
숨어 살아야만 하다니요

내가 원하는 것은
감금된 사랑이 아니라
환한 세상에서
실크 머플러처럼 날려 보는 것
검은 외투의 위엄을 지녀 보는 것
그 우아한 사랑을 하고 싶어요

세월이 꽃은 아닌가 봐요
당신의 탱탱한 피부가 윤기를 잃어가듯
내 몸도 차츰 느슨해져요

더 이상

나를 가두지 마세요

말과 호수

하루의 노동을 끝내고
물위를 걷는 말
호수는 제 몸을 밟고 지나가도
말이 빠지지 않도록 받쳐준다
푸른 말발굽 자국마다 고이
꽃을 피운다
밤마다 말의 발을 씻기며
발자국 보듬어 따뜻한 꽃을 피우는
호수

푸른 말발굽에서 하얀
수련꽃이 핀다

강

푸른 등 넙죽 엎드린 강은
바다의 유년
쑥쑥 자란 손끝이
바다에 닿으면
강은 제 이름을 버리고
바다에 든다

작은 물줄기 모아 힘이 생기고
지도 위에 기록되는 이름을 얻어도
몸 낮추는 너른 가슴
그래서 강의 이름은 늘
대쪽처럼 푸르다

오늘도
양 어깨 출렁이며
쭉쭉 키를 늘리는
바다의 유년

저 벌떡이는
심장소리

연밥

공을 받겠다는 듯
하늘과 부딪쳐 태초의 소리를 내겠다는 듯
활짝 펴든 초록 글러브
초록 심벌즈

오늘도 바람 한 점 잡지 못하고
구름마저 떨어뜨린다

나는 주먹을 꼭꼭 쥐어주며
주먹을 쥐어야
세상을 잡을 수 있는 것이라 가르쳐주었는데

한없이 너그러운 손
주먹을 쥐었다 펴
밥을 차렸다

빈손이
세상을 배부르게 먹였다

모기

모기가 달려들어
빨대를 꽂는다

갈증 난 모기 입에
피 한 방울 보시하는 게 아까우랴만
붉게 솟아오르는 작은 무덤이 두렵다

무덤 속에는
모기의 영혼이 숨어있는 것일까

이 작은 무덤들이 쌓여
후일의 내 주검의 집이 될 수도 있겠다

모기가 달려들어
다짜고짜 빨대부터 꽂는 걸 보면
아무래도 내 몸은 따뜻한
그들의 식탁인 듯하다

꽃을 그리는 여자

얼굴은
다섯 장 꽃잎
몸은 푸른 꽃대궁
그녀의 단물로 목을 축이면
나도 덩달아 꽃이 되지
살구향이 배지

우리 시들어
더는 꽃이 아닐 때
서로의 마른 꽃대궁 부벼
향기를 지펴주고
정 하나 놓고 가는
환한 열반이면 좋겠어

마음이 꽃이라서
꽃을 그리는 여자

꽃을 그리다
꽃이 된 여자

물 한 모금의 흔적을 지우는 시간

금식하라는데 물 한 모금을 마셔서
수술이 3시간 뒤로 미뤄졌다

물 한 모금의 흔적을 지우는데
3시간이 흐른다는 걸 알았다
여린 줄로만 알았던 물의 몽니가 놀랍다
한 모금의 물이 이럴진대
맹골수도(孟骨水道)* 검푸른 바닷물의
흔적을 지우려면
우리는 얼마나 많은 시간을 견뎌야 할까

왜
구름이 별들을 밀어내고
어둠 속에 침묵하는지를 알았다

세 시간 동안
물 한 모금의 흔적을 다 지운 후에야
수술대에 누웠다

* 맹골수도(孟骨水道) : 2014년 4월 16일 세월호 침몰사고가 난 해역. 안산 단원고 학생 등 사망, 실종자 포함 304명의 희생자를 냄.

풍력발전기

들녘에 서서
바람을 기다리는 여인
바람 불면 긴 팔로 바람을 모아
벌컥벌컥 냉수처럼 마시는 여인
삶을 견디기가 쉽지만은 않은 모양이다

목울대 뜨거워져 당신을 부르면
눈감은 허공
의미 없이 새들은 날고
아득한 기억 속에서
그리움이 눈을 뜬다

허허로운 침묵의 들녘에서
뽕잎처럼 바람을 따는
여인
오늘은 눈물 훔치며 무명실을 뽑는지
종일 물레를 돌린다

사내의 지문

입이 무겁던 사내가
미로처럼 링거 줄을 꽂은 채
엄마가 해주던 강냉이죽이 먹고 싶다했다

강릉 중앙시장에 들러
껍질 벗긴 강냉이와 팥을 사다
죽을 끓이며
그의 생이 엎질러질까봐
노심초사했다
스치는 바람결에도 베일 것 같은 사내
어둠에 갇힌 사내

죽음의 문에 닿으니
강냉이죽보다 엄마 생각이 난 게지
내가 내민 죽 한 그릇에
미소를 머금던 그는
무소유를 깨닫는 중일까

그와의 만남이 마지막이 아니길
기원하며 돌아오는데
차안 라디오에선 목화밭, 목화밭

세상에서 가장 포근한 노래가
그의 지문을 지우고 있다

꽃, 지다

지는 꽃

화르르 안기더니

바르르 떠는

입술

사랑하다 식은 이름들이

뿔뿔이 돌아서는 봄

내 어떤 사랑도 믿어 본 적 없지만

노을처럼 품고 싶은

이 짠한

절명

푸른 공기

생을 마감하는 날
나를 휘감아 안고 갈
푸른 공기

나무의 머릿결을 쓰다듬고 온 손으로
녹슨 가슴 닦아주며
유언이 되지 못한 말들을
삼베 보자기에 동여매겠지

어느 피붙이보다 가까이서
마지막 눈과 귀를 씻어주고
천국까지 데려다 줄
청순한 인연이여

그래서
천리 물질을 나가는 해녀들도
너를 업고 사나보다

술

소주 세 잔쯤 즐기는 실력이 되자
드라마를 보다가도 소주 생각이 났다
조선의 요조숙녀라고 비아냥거리던
동창들에게 일격을 가해주는 것 같아
은근히 통쾌하기도 했다

어느 날
불같은 화를 다스리지 못하고
빈속에 양주를 마셨다
그날 위장과 함께
내 맑은 영혼은 다 타버렸다
술을 마시지 않아도
속이 쓰리고
영혼이 어둡다

맹물로 건배를 하는
술의 지혜를
비로소 깨달았다

가을, 나무

허리 꺾인 나무들이
어금니를 깨물며 고통을 견딘다
더러는 나뒹구는 나무들의
허연 발바닥이 보인다

오색단풍 만장 걸어
죽음 쪽으로 환하게 불을 켠
가을 산
새들의 진혼곡 허공을 날고
하늘 파랗게 울고 있다

슬픔을 허리춤에 감추고
울음 멈춘 나무들
뿌리에 햇빛을 밀어 넣는 사이
손주처럼 피어날 새순들의
푸른 목소리 듣는다

허공

허공에는 수많은 알들이 떠 있지
비행기 날갯죽지에서 빠뜨린 알
새떼가 물고가다 흘린 알
유년에 놓친 풍선과
헛배 부른 에드벌룬

나는 그 알들을 잃어버린 꿈이라고 부른다

오늘은 얼마나 많은 알들이 떠올랐을까
지상을 배회하는 눈물방울
거리를 방황하는 바람의 알
슬픈 알들을 모두 호명하여
별로 반짝이게 하는 허공

새해 아침
둥근 소망 하나를 날려 보내고
두 손 모으는 시간
허공에 뜬 알들이 푸른 날개를 달고
붉은 해를 굴리며 온다

목련 밥

부둣가 목련 한 그루
포구에 하얀 밥상을 차렸다

하얀 밥 냄새에
귀항한 배들의 낯빛이 환해지고
소복소복 담겨진 밥으로
허기진 배를 채운다

고단하지 않은 삶이 어디 있겠는가
하루치의 노동에 지쳐 잠든
배들의 상처에 꽃무늬가 배었다

먼 길 찾아와 따순밥이 된
머리 희끗희끗한 할머니

마지막 밥 누구에게 퍼주려고
허연 밥 머리에 이고
포구 밖으로 떠간다.

지하철의 독백

내 일터는
습하고 어둔 땅속입니다
예쁜 신호등 하나 달아주지 않아
나의 길은 삭막하지만
내 의자에서 꿈꾸고 하루를 내려놓는
고단한 어깨를 위해
묵묵히 달립니다

서서 흔들리는 이여
겪어야 할 어둠이 있다면
우리 한 몸으로 살 부비며 달려보자
우리에겐 푸른 하늘도
멋진 풍경도 없지만
그래도 당신이 등을 대고 꿈꾸다 내리면
또 누군가 앉아
꽃이 되는 자리
언젠가는 목련꽃 몇 송이
벙그는 날 있겠지요

만남과 떠남의 여정
때론 푸른 도마뱀처럼

지친 꼬리 하나 떼어내고 싶어도
어둔 밤 마중하던 어머니의 호야등 불빛처럼
그대에게 한줄기 위로가 되고 싶어
습하고 어둔 땅에 길을 열어
고난의 한 생을 달려갑니다.

봄 풍경 속으로

무궁화호 열차를 타고 봄 풍경 속으로 들어갔다 창밖 풍경은 낮아서 아늑했다 풍경 속에 순한 짐승처럼 누워 있는 슬레이트 지붕 밑으로 할머니 한 분 냄비를 들고 들어가신다 착한 사람들의 가난한 풍경이 봄볕처럼 따스하다 죽은 영혼들이 산등성이 무덤에 기대어 봄볕을 쬐고 있다 외로움 견디기 어려워 사람들은 죽어서도 저렇게 모여 사는 것일까

레일 위를 운명처럼 달리는 열차 속에서
가벼운 꽃잎인 듯 마음을 내려놓고
가난한 사람들의 야윈 어깨와 수런거림과
발이 시려도 견디며 물위에 서 있는
창밖 왜가리를 본다.

덩굴손

가슴 속에 전구 하나 켜들고
너의 행방을 좇는다

등줄기 움켜잡고 따라오는
꽃봉오리들
새의 노래 내려앉은
능금나무 가까이 가보자 한다

저만큼 달아나는 바람의 날갯짓
세월은 질기고
아득해도
등 뒤에 환한 꽃등 보며
난 줄 알려마

생을 마감하는 순간에도
차마 놓지 못하는
손

들을 건너다

참새 예닐곱 마리 등에 업고
작은 창을 밝히러 가는
전깃줄
불씨를 감싸 안고
들을 건넌다

공중 그네처럼 흔들리는
외줄 인생
생은 어둡고
아스라하지만
허공의 실핏줄인가

피톨 같은 불씨를
꿈인 듯 안고
전봇대를 오라비 삼아
외딴집을 찾아가는
쓸쓸함 하나가

어둠이 깔리는 들녘을 건너고 있다

달빛새를 만나거든

여보게,
서편하늘 날아가다
날개 버거운 고단한 새 만나거든
간밤 내린 비에
젖은 깃털 없는가 물어봐주오
눈물이 말랐는지
물고 가던 작은 불씨도
꺼트리지 않았는지
살펴봐 주오

활활 타오르는 저녁노을
불붙이는 건 너의 몫이라
꼭 그리 말해 주오

욕망도 한탄도
모두 불 꺼진 날
나 색소폰 소리에 맞춰
참았던 울음
눈물바람 하리라

달맞이꽃으로 서서

|해설|

부드럽고 맑은 세계를 향한 꿈

-허문정 시집 『어린 애인』을 중심으로

한 용 국
(문학평론가)

1.

생로병사, 사람의 일생을 말하는 데 흔한 췌사로 기능하는 네 단어, 그러나 너무도 단순하면서도 적절하게 사람의 일생을 그물 속에 가두어 버린다. 삶이라고 말하는 순간, 육체를 가진 한 개인으로서 우리 삶은 네 단어의 그물 한 자락에 가 닿고, 어김없이 감전과도 같은 고통을 경험한다. 삶의 본질은 고통이다. 거기에는 어떤 삶도 예외일 수 없다. 태어나서 죽을 때까지 고통을 벗어날 수 없다는 것은 얼마나 잔혹한 일인가. 누구도 이 단순한 진리를 모르는 사람은 없다.

하지만 생각해 보자 우리는 과연 삶이 고통이라는 명제를 그대로 수용하고 살아가고 있는 것일까. 대답은 아니다에 가까울 것이다. 오히려 삶은 고통스럽지 않다고 부정하며 살아가는 경우가 더 많지는 않을까. 불교에서는 이 세계의 고통의 양태를 세 가지로 표현한다. 괴로운 느낌, 즐거운 느낌, 괴롭지도 즐겁지도 않은 느낌이 그것이다. 처음의 괴로운 느낌 말고도 두 번째와 세 번째 느낌도 불교는 고통이라고 설명한다. 그러나 우리는 그렇지 않다. 나머지 두 느낌의 영역을 살아가기를 소망한다. 그러면서 삶이 고통이라는 본질을 잊고 살기 위해 노력하고 안도하고자 한다. 어쩌면 그것은 스스로를 속이는 일이고, 본질을 기만하는 일에 가깝다. 잔혹을 피하기 위해 미망에 붙들린다. 그러므로 삶은 잔혹과 미망 사이를 진자운동한다. 잔혹 쪽으로 끌려들어갔다가 가까스로 미망 쪽으로 벗어나는 운동과 그 반대의 운동을 되풀이 하는 일이다. 불행하게도 잔혹에도 미망에도 구원은 존재하지 않는다. 잔혹은 고통스럽기 때문이고, 미망은 일시적인 마취이기 때문이다.

그렇다면 잔혹과 미망을 벗어난 구원의 자리는 존재하는 것일까. 다시 불행하게도 잔혹과 미망이 아니라면 삶이 아니기 때문에 이 두 영역을 벗어난 자리는 삶의 너머에나 존재한다. 삶에 붙박혀 있는 우리로서는 가 닿을 수 없는 자리이며 꿈꾸는 것만 가능한 자리다. 그러니 잔혹과 미망 사이 어딘가에 안식처를 만들어야 한다. 일종의 내재적 초월을 모색하는 것이다. 그 자리는 고통을 있는 그대로 바라보게 해 주는 동시에 미망이 미망인 것을 알아차릴 수 있도록 해 주는 자리여야만 한다. 그러므로 다시 가능한 것은 역설일 뿐이다. 고통스러운 동시에 구원이 '가능한' 자리인 것이다. 그렇다. 구원은 언제나 '가능성'으로만 존재하는 것이다. 그 '가능성'은 어떻게 가능한 것일까. 허문정 시인의 시집 『어린 애인』은 그 '가능성'의 자리가 어디인지를 진술하면서도 도저한 아픔을 드러내는 시편들을 통해 끊임없이 찾아가고 있다.

2.

타인의 고통을 나의 고통으로 받아들이는 일은 가능한 것일까. 육체적 고통에 대해서는 어쩌면 가능한 일인지도 모른다. 어떤 육체든 고통을 감각하는 정도는 같다고 할 수 있기 때문이다. 그러나 심리적 고통은 다르다. 같은 상황이라도 심리적 수용의 정도는 다르다. 고통을 유발하는 수많은 상황이 존재하고, 그에 반응하는 양상 또한 다르다. 타인에게 고통스러운 일이 나에게는 아무 일도 아닐 수 있고, 그 반대 또한 가능하다. 게다가 누구도 완전하게 타인이 될 수는 없다. 이렇게 볼 때 첫머리의 질문에 대한 대답은 불가능하다는 것이 정답일 것이다.

그러나 가능한 유추들이 있다. 삶은 개별적이고 구체적이지만 그럼에도 불구하고 보편성을 가진다. 그것은 함께 관계 맺고 살아가기 때문이다. 그 관계맺음을 통해서 성립되는 경험의 보편성은 고통의 보편성으로 이어진다. 내가 겪은 일을 타인들도 비슷하게 겪는다는 것을 알고 타인의 고통을 나의 고통에 비추어 추체험할 수 있게 되는 것이다. 여기서 일종의 열림이 발생한다. 레비나스는 이 열림을 '절반의 열림'이라고 부른다. 그리고 이 열림에서 가능성을 찾는다. 타인의 신음소리에 귀 기울일 때, 타인의 찡그린 얼굴에서 고통을 발견했을 때, 새로운 관계의 가능성이 열리기 때문이다. 그것은 바로 타인을 대리할 수 있는 능력이다.

행복재활원 마당 한 귀퉁이
전동차 한 대 굴러와
알 수 없는 소리 힘겹게 쏟아놓는다
외계인의 언어처럼 소통되지 않는
저 핏빛 말
밀어 달라는 건지
인사를 하는 건지
웃음인 듯 울음인 듯 막막한 얼굴
한참을 뭐라 하더니
두 바퀴 굴리며 간다
바퀴 굴러 간 자리
벌겋게 쏟아 놓은 말들이
핏물로 고여 있다
마음으로 읽어야 할 말을
들으려고만 했던

바보 귀

-「바보 귀」 전문

코끼리 방울소리가 울릴 때마다
파랗게 터지던
가을 하늘
마디 깊은 슬픔도
한 줌 가벼워졌다

가난이 쉽지 않은 풍경 앞에서
1달러 팁에도 두 손 모으고
발가락이 부채살 된
맨발의 무희

나도 당당히 발을 내밀고
이국의 소녀에게 맛사지를 받는다
평생 위로 받지 못한 발을 위로 받는
자기연민 속에
애써 밀어 넣는 눈물 위로 포개지는
수상가옥 깨복쟁이 아이들

갑자기 튀어나와 귀청을 찢는
내 안의 코끼리 울음

-「씨엠립의 눈물」 전문

시인은 행복재활원에 와 있다. 차가 들어서고 한 무리의 사람들이 내리는 것을 본다. 그 사람들은 장애를 갖고 있다. 시인은 제대로 발음되지 않는 사람들의 언어를 이해하지 못하고 있고, 사람들은 이해하지 못하는 시인 앞에서 막막해하며 머무르다 떠난다. 그들이 떠난 자리에서 시인이 보고 있는 것은 "핏빛 말"이다. 그것은 소통불능의 고통을 상징하는 것이다. 그 고통 앞에서 시인은 자신의 귀를 "마음으로 읽어야 할 말을 들으려고만 했던/바보귀"라고 말하며 자신을 성찰한다.

두 번째 시 속의 시인은 캄보디아의 씨엠립을 여행중이다. 여행을 통해 시인은 자신을 위로받고 있는데, 거기서도 먼저 보이는 것은 "1달러 팁에도 두 손 모으고/발가락이 부채살 된/맨발의 무희"다. 발맛사지를 받으면서 자신을 위로하고 있는 시인은 잠시 자기연민에 빠지지만, 그 연민 위로 "수상가옥 깨복쟁이 아이들"의 가난과 설움이 겹친다. 첫 연의 코끼리 방울 소리는 휴식과 위로였지만, 마지막 연의 코끼리 울음은 새로운 각성이자, 자기성찰의 울음이다.

타인을 대리하는 능력은 타인의 고통을 외면하지 않는데서 시작한다. 재활원의 아이들과 씨엠립의 아이들은 비단 외국이 아니라도 일상에서 자주 마주칠 수 있는 존재들이고, 대부분은 외면의 대상이 된다. 타인의 고통에 대한 연민의 감정에서 카타르시스가 시작되기도 하지만, 그런 카타르시스조차도 때로는 죄의식을 유발한다. 그래서 대부분의 사람들은 굳이 바라보려고 하지 않는다. 하지만 시인은 다르다. 타인의 고통을 정직하게 바라보고 그 응시를 통해 자기성찰을 이끌어내는 것이다.

우리의 존재는 근본적으로 고통에 던져져 있고 또 우리가 누군가에게 고통을 주지 않고는 살아갈 수 없다는 것을 시인은 알고 있다. 그리하여 시인이 선택한 것은 타인의 고통에 속죄의 마음을 가지고, 타인의 고통에 참여하며 살아가는 삶이며, 그것을 성찰을 통해 수행하는 것이다. 이러한 시인의 성찰은 시집 곳곳에 나타난다. "늘 가까이서 속삭이는/너의 침묵의 언어를 듣지 못하여/따뜻한 대답 한 마디 전하지 못했다"(「그림자」)로 드러나기도 하고, "가난한 이들의 설움보다/방바닥의 긁힌 상처가 더 마음 상했었다//살다간 인연들에게 미안하다"(「사글셋방」)처럼 순간적인 이기심에 대한 반성으로 타나기도 한다. 그래서일까 시인이 언제나 "마음을 몽땅들고 나와/와르르 쏟아놓고 뒤늦게 주워 담느라/가끔은/진땀 빼는"(「몽땅」) 삶을 살아가는 것은. 아마도 이런 시인의 마음을 고통의 윤리학이라고 불러도 되지 않을까 생각한다.

3.

시인의 고통의 윤리학은 근본적으로 타인의 고통에 앞에서 자기를 성찰하는 일에서 시작하고 있다. 그러나 단순한 성찰에 그친다면 결국 자기만족에 불과할 것이다. 중요한 것은 "극단적인 고통의 체험을 부정하는 것이 아니라 그러한 체험의 바탕 위에서 삶을 새롭게 바라보고 자기 자신과 세계의 관계를 새롭게 정립하려는 의지"(오생근, 『문학의 숲에서 느리게 걷기』, 문학과 지성사, 2003, 302쪽)다. 이 진술은 결국 고통은 어떻게 우리의 삶을 갱신할 수 있는가라는 질문을 낳는다.

이 질문에 답하기 위해서 중요한 것은 시인이 겪은 고통의 종류일 것이다. 김현은 "좋은 시인은 자신의 상처를 반성 분석하여 그것에 보편적 의미를 부여할 줄 아는 사람"이라고 썼다. 그러므로 우선 허문정 시인의 근본적인 통점, 즉 고통의 발화점은 어디인가를 찾는 일이 우선되어야 할 것이다. 다행히 시인은 그 통점을 그야말로 통째로 드러내고 있는데, 그것은 바로 죽음으로 인한 가족의 부재다.

한겨울 눈밭에
침묵의 말씀
내린다

입도 귀도 바람에 내어주고
손만 남은
억새꽃

억새의 수화(手話)처럼
아버지 마지막 말씀도
수화(手話)였다

억새처럼 말하고
억새의 마른 눈물 흘리다
억새 들판에 누운 아버지

눈밭에 서서 나에게 손짓하는
그 분의 여윈 손이
빙벽처럼 시리다

-「억새꽃」 전문

죽음을 삶의 사방에 세워진 벽이라고 말해도 될까. 그러나 우리는 그것을 잘 알지 못하고 살아간다. 죽음만큼은 직접 체험할 수 없기 때문이다. 그러나 가장 가까운 직접체험이 있다. 바로 가까운 타인의 죽음을 경험할 때다. 특히 그것이 가족의 죽음일 경우 거의 직접체험에 가까운 상실감을 경험하게 된다. 가족의 죽음이 가져다 주는 체험의 직접

성은 때로는 너무도 커서 자기상실에 가까운 아픔을 낳기도 한다.

시인은 한 겨울의 억새밭에 서 있다. 시에 암시된 바에 따르면 그곳은 아버지의 무덤이 있는 자리다. 눈이 내리는 억새밭에 서서 아버지의 삶을 돌이켜 보면서 시인의 마음은 하늘에서 내리는 눈과 마른 억새들에게 머문다. 눈과 억새는 둘 다 "침묵"이라는 속성을 공유한다. 눈은 "침묵의 말씀"이고, 억새꽃은 "손만 남"아 있다. 그것은 아버지의 마지막 말씀이 "수화"였기 때문인 것으로 보인다. 다른 시들에 따르면 병으로 인한 고통 속에서 임종을 맞이한 것으로 보이는데, 임종할 때 어떤 유언도 남기지 못한 것일까. 끝내 듣지 못한 그 말은 아버지의 말이기도 하지만, 시인이 듣고 싶은 말이었는지도 모른다. 하지만 아버지는 떠나고, 그녀에게 남은 것은 다만 "손짓" 뿐이다. 그 슬픔이 "그 분의 여윈 손이 빙벽처럼 시리다"에서 보이듯, 시인의 삶을 언제나 "빙벽" 앞에 세워놓고 있다.

> 또 시작이다
> 이층에서 못 박는 소리
> 마음을 애써 다독여 보지만
> 신경줄이 퍼렇게 날을 세운다
>
> 가슴 패이게 박혀오는 고통을
> 속울음으로만 견디는 벽, 그렇지
> 내 모진 못질에도 침묵하던
> 착한 가슴이 있었다

멍든 상처를 감추며 견디었을
어머니라는 이름의
그 침묵의 비명이
오늘은 부메랑으로 돌아와
가슴을 친다

-「못박기」 전문

하지만 그 "빙벽"은 바깥에만 있는 것이 아니다. 시인의 가슴 속에도 있다. 어느 날 밤 이층의 못 박는 소리를 들으면서 시인은 고통스러워한다. 하지만 시인은 바로 벽의 고통에 주목한다. "가슴 패이게 박혀오는 고통을 속울음으로만 견디는" 벽의 고통에 공감하는 것이다. 그 공감이 가능한 이유는 "착한 가슴" 때문이다. 그것은 바로 어머니의 가슴이다. 어머니는 언제나 나의 모진 못질에 멍든 상처를 감추며 견딘 사람이다. 이제 어머니의 가슴인 벽은 다시 나의 가슴을 벽으로 만든다. 어머니가 함께 있던 시절에는 몰랐던 아픔을 못 박는 소리를 듣는 일상적 체험을 통해 다시 느끼게 된 것이다. 생각해 보라 그 아픔은 또 얼마나 시린 빙벽인 것일까.

가족의 부재로 인한 고통과 다른 원인으로 인한 고통은 이 시집의 시들에서는 주로 "시리다"라는 감각으로 나타난다. "피붙이들 작별 인사에 귀가 시렸을"(「상복을 벗으며」)이라든가 "낙하하는 꼬리별이 명치끝에 박힌다"(「가난한 별들」) 등이 그것이다. 왜 시인은 고통을 "시리다"라는 감각으로 치환하는 것일까. 기본적으로 그것은 계절감각과 관련이 있을 수도 있지만, 아마도 외로움이라는 감정과 관련이 있을 것으로 보인다. '시리다'라는 감각만큼 누군가의 부재를 잘 표현할 수 있는 감각어가 있을까.

그렇다면 부모의 부재로 인한 고통의 깊이를 시인은 어떻게 삶의 갱신으로 치환하고 있는가. 그것은 일종의 속죄양의식이라고 할 수 있다. 시에 따르면 시인 부모님들의 삶은 그리 순탄치 않았던 것으로 드러난다. 시 「아버지의 등짐」에서 아버지는 "등에 뿔을 지고 잠을 자"고, 하루의 고단한 노동은 "잠결에도 웅얼웅얼 되새김질" 할 정도로 극심했던 것으로 보인다. 시 「나무침대」에서도 아버지는 "나의 무거운 생을 업은 여윈 다리"를 가진 "늙고 병든 한 남자"로 나타난다. 말년의 병은 혹독한 것이어서 온 몸이 말라갔는지, 시 「눈물」에서는 "저승의 강을 건너려고 몸을 말리는 모습"이라는 처절한 모습으로까지 묘사된다. 어머니도 마찬가지다. "손자들 성화에 진통제를 삼키며 엉금엉금 기어가는" 모습은 성스러우면서도 한편으로는 끔찍하도록 비극적이다. 도대체 그렇게까지 고통스러운 삶을 부모님들은 어떻게 견뎠을까.

등을 맞댄 그대
네 발 짐승으로 엎드려 있다.
산을 걸어 내려와 내 집을 찾기까지
아득한 세월
이토록 헌신해야 할 당신의 속죄는 무엇인가

-「나무침대」 부분

시인이 부모의 삶을 통해 읽은 것은 "속죄의식"이다. 다시 말하면 시인에게 사랑은 속죄와 동의어로 표상된다. 그 속죄의 표지는 "등에 뿔을 지고 잠"자는 모습으로 드러나는데, 속죄는 부모의 존재론적 운명과도 동의적 관계에 놓여있다. "뒷걸음질 치는 염소/엉덩이 밀어내며/착한 죄값을 치렀을 아버지"에서 보이듯 이 속죄의식은 때로는 가족의 삶을 위해 다른 생명을 희생해야 하는 순간에도 마찬가지다. 착한 죄가 있을까. 그러나 가족을 위해서 다른 생명을 희생해야 하는 행위에는 일종의 불가지론적 영역이 존재하는 것이다.

무조건적인 사랑과 헌신만큼 속죄의 삶과 어울리는 것이 있을까. 부모님들의 속죄의식은 그 분들이 삶의 고통을 수용하는 자신들만의 세계관이었을 것이다. 고통스러운 세계를 어떻게 감내할 것인가. 그것은 고통스러운 삶 자체를 일종의 죄의 결과로 받아들이는 것이다. 그러면 삶의 고통을 있는 그대로 받아들이게 되고, 어떻게 그 죄를 갚을 것일까 생각하게 된다. 그 죄갚음이 시인의 부모님들에게는 바로 자식들에 대한 무조건적인 사랑과 헌신이었다. 그것이 시 「아버지의 등짐」에 드러나는 아버지의 삶이고, "목탁치듯 장작불 타는 소리에 귀 모으며 밥을 짓"(「밥을 지으며」)고, "호박잎에 보리개떡/몇 번이고 싸/먼 산허리 돌아"(「어머니의 미소」)오는 어머니의 삶이다. 그 속죄의식은 그대로 시인의 삶에 육화된다. 그래서일까. 이제 부모님의 노년 언저리의 나이에 다다랐을 시인에게도 가족에 대한 헌신과 사랑은 부모님의 그것과 다르지 않다. 이는 "산뜻하게 목욕을 마친 함선 두 척/신바람나게 세상을 향해 항해를 떠난 뒤에도/사랑은 다만 아쉽고 그리워/나 물끄러미//정박중이다"(「함선을 닦다」)라든가, "볶음밥도 오므라이스도 되지 못한/어설픈 한 공기 밥이지만//나에게는 꽃밥//꽃보다 고운/딸의 사랑을 먹는다"(「꽃밥」)에서 확인된다. 아들의 운동화를 닦거나, 딸이 해주는 밥을 먹을 때, 시인은 사랑과 감사로 가득차 있다. 어쩌면 시인에 와서야 속죄로서의 삶은 완성되는지도 모른다. 사랑과 헌신에 하나 더 추가되는 것, 감사하는 마음이 그것이다. 가족에게서 느끼는 사랑과 헌신 그리고 감사, 그것 외에 더 삶을 무한히 갱신하는 것이 과연 존재할까.

4.

이 글의 첫머리에서 고통과 미망에 대해서 말했다. 그렇다면 시인의 미망은 어떤 것일까. 시에 따르면 그것은 "하루는 미운 심지 박고/하루는 뽑아내는"(「가부좌를 틀다」) 행위이다. 미움은 대상으로 인해 욕망이 차단되거나 좌절되었을 때 생기는 감정이다. 그 대상이 누구인지, 혹은 어떤 다른 원인이 있는지는 시집에 구체적으로 드러나지는 않는다. 하지만 그 미움은 시인의 마음 속에 단단히 응결되어 있어 "제 몸에 불을 질러 태워 버려야 할 것"(「해무」)으로 나타난다. 또 그 미움은 "인연을 덧대야 할지 잘라내야 할지"(「개켜둔 눈물주름 펼쳐보니」)에서 처럼 극단적인 선택을 요구하기도 했던 모양이다. 그 미움은 또 시인의 마음 속에 "담장"을 치게 만들었는데, 그로 인해 한 동안의 자기유폐의 과정까지 겪어야 했던 것으로 보인다. 그 속에서 시인은 분열증과 유사한 증상을 겪기도 하는데, 시 「달빛」에서 보이듯 자신의 "그림자"를 늘 인식해야 하는 삶을 살도록 만들었으며, 때로는 그 그림자를 제거하고픈 일종의 자기부정의 욕망까지도 느끼게 만들었다. 이 미움은 시 「원추리꽃」에서 "자살바위 아래/깜찍한 혼 하나/살아/긴 목 내밀고"같은 아찔한 표상으로 드러나기도 한다.

이 미망에서 벗어나기 위해서 시인이 선택한 길은 두 가지로 보인다. 첫째는 내면에의 묵묵한 응시를 통한 해소과정이다. 이는 이 시집에서 주로 불교적 상상력을 빌어 드러난다.

삭발한 바위
산사의 계곡에 가부좌를 틀었다
풀잎 하나 화두로 머리에 이고
길을 찾아가는 막막한 길
잿빛 장삼자락이 물에 젖는다
결전을 새겨 젊어진 등
새 발자국 선명하다.

-「가부좌를 틀다」 부분

산사의 바람 소리에 젖은 몸
천년 와송처럼 내려놓으니
울고 싶은 날도
몇 날은 거뜬히 환하겠네
깊어지겠네

-「선암사에 들다」 부분

시 「가부좌를 틀다」에서 시인은 산사 계곡에서 바위를 보고 있다. 그 바위는 마치 삭발한 승려같다. 길을 찾아가는 막막한 길은 승려의 삶이기도 한 동시에 시인 자신의 삶이기도 할 것이다. 어쩌면 엎드려 절을 하는 쓰러진 고목의 심정일지도 모른다. 시인 자신의 미망을 내려놓을 곳이 없기 때문이다. 바위에게 이 미망을 어찌해야 하느냐고 하소연해 보지만, 햇살조차 죽비로 몸을 쳐오고 바위는 끝내 눈을 뜨지 않는다.

이런 막막함을 해소하기 위해서 시인은 과연 무엇을 했을까. 시 「선암사에 들다」에 등장하는 푸른 와송의 "삼천배"는 와송 뿐만 아니라 시인 자신의 간절함이기도 할 것이다. 범종과 풍경 그리고 목어의 긴 울음은 시인의 가슴 속에 오래 길러온 울음이었을 것이다. 그 울음을 뿌리뽑기 위해 시인은 와송처럼 참선을 해보기도 했다. 삼천배와 참선을 통해 시인이 깨달은 것은 무엇이었을까. 그것은 "내려놓는" 것이다. 참선 하는 와송 옆에 서 있는 고사목, 같은 나무이지만 무엇이 같고 무엇이 다를 것인가. 시인은 그 앞에서 비로소 내려놓는 법을 알게 된다.

이런 내려놓음을 통해 시인이 얻은 것은 무엇일까. 그것은 맑고 부드러운 세계를 향한 꿈이다. 그 세계는 꽃의 세계로 드러난다. 시집에는 유독 꽃에 대한 시가 많은데 그 이미지들은 주로 밝고 맑고 환한 속성을 품고 있다.

부끄럼 가득한 마당에
조심조심 캐다 심은 할미꽃 좋고
담장에는
엉덩이가 예쁜 조롱박이 열렸다.

-「하분마을 동희네」 전문

내일은 그림같은 집 한 채 마련해

제비꽃, 제비꽃

작은 문패라도 달아줘야겠다.

-「제비꽃」 전문

하루의 노동을 끝내고
물 위를 걷는 말
호수는 제 몸을 밟고 지나가도
말이 빠지지 않도록 받쳐준다
푸른 말발굽 자국마다 고이
꽃을 피운다
밤마다 말의 발을 씻기며
발자국 보듬어 따뜻한 꽃을 피우는
호수

푸른 말발굽에서 하얀
수련꽃이 핀다.

-「말과 호수」 전문

인용된 시들에서 보이는 것처럼 꽃이 등장하는 시들에

는 대부분 평화롭고 아름다운 정경들이 그려져 있다. 담장에 열린 엉덩이가 예쁜 조롱박이나 그림같은 집 한채의 제비꽃, 발자국 보듬어 따뜻한 꽃을 피우는 호수의 수련꽃 등, 시인의 꽃이미지는 세계와 아름답게 조화를 이룬 모습으로 나타나고 있는 것이다. 시인은 자신의 슬픔을 꽃으로 치환하면서 맑고 부드러운 세계를 꿈꾸는 것으로 보이는데, 이 꿈꾸기는 꽃 지향성이라고 불러도 될 만큼 시집의 도처에 피어있다. "닳고 달아/무디어진 슬픔들/올올이 영글어/꽃으로 피어있네"(「개켜둔 눈물주름 펼쳐보니」)에서처럼 시인의 삶의 신산은 오랜 묵상과 성찰을 통해 꽃으로 변해 시인의 가슴 속에 피어있는 것이다. 그야말로 "꽃을 그리다/꽃이 된 여자"(「꽃을 그리는 여자」)라고 할 수 있을 것인데, "한없이 너그러운 손/주먹을 쥐었다 펴/밥을 차렸다"(「연밥」)에서 보이듯 이 꽃지향성은 꽃의 눈으로 세상을 너그럽게 응시하도록 만든다. 콜리지가 말한 것처럼, "모든 인간 지각의 살아있는 힘이며 원초적 동인"을 환기하면서 "무한한 존재의 영원한 창조 행위가 유한한 마음 속에 되풀이 되는 것"으로서의 세계인식을 꽃을 통해 수행하는 것이다. 이것은 고통스러운 세계를 사람의 눈이 아니라 아름다운 사물의 눈으로 보는 일이며, 자기를 위로하는 동시에 세계를 위로하는 행위이기도 하다. 그러므로 "당신의 스러진 달과 별을 불러내어/흐린 눈에 반짝/맑은 꿈이 고였으면 좋겠"(「붉은 레몬」)다는 시인의 꿈은 어쩌면 시 속에서 이미 완성되어 있는지도 모른다.

5.

김우창은 “예술 작품의 참다운 아름다움은 다시 말하여, 감각적 표면으로 구성되는 것이면서 현실의 구조 속에서부터 나오는 것이라야 한다. 이것은 비단 예술만이 아니라 우리 삶에서 숨은 동기와 충동으로 작용하고 있는 모든 아름다움에 두루 해당하는 것”이라고 말한 바 있다.(김우창, 『시인의 보석』, 김우창 전집, 민음사, 2015. 357쪽) 그것은 시가 삶의 도저한 구체성에서 길어올려져야 하는 것이면서, 삶의 숨은 동기와 충동으로서의 아름다움을 구현해 낼 수 있는 것이어야 한다는 것이다. 시는 그러므로 현실에 꿈의 신비를 구현하는 작업이기도 할 것이다. 그것은 시인에게 “물의/ 마른 뼈가 타는/자욱한 연기”에서 “빛나는 사리”(「해무」)를 길어 올리는 작업이 된다. 그러기 위해서는 “마음 안으로/트럭 한 대 질주”하는 언어의 폭발을 온 몸으로 받아들이는 일까지 감내하기도 하는 것이다. 그러므로 “물과 바람의 이야기, 새의 노래”(「종이밭을 일구다」)를 모종하는 일은 시인이 삶의 무게를 다 견디어낸 후에야 비로소 가능한 것이었다. 그 무게는 “밥을 물에 말아/날된장을 찍어 먹는데/아득하고 먼/오월의 장미처럼/치밀어 오는 설움”과 “사랑꽃처럼 아픈 위”(「날된장」)를 겪어낸 사람의 것이다. 하지만 시인은 그 무게에 쓰러지지 않고 한 걸음 더 나아간다. 그것이 바로 시의 길이다. 시인에게 삶은 “열 달씩 보대껴/네 아이 낳아 길렀으니”(「쑥병쑥병」)에서처럼 ‘낳아 기르는’ 일이었다. 그 길은 “사랑도 먹어보고/눈물도 먹어보고/긴 터널처럼 어두웠다 환해지는 세상"(「내 마음의 기차」)의 길이었다. 그 길을 지나와 이제 시인은 새롭게 낳는 일, 시쓰기의 길을 가고자 하는 것이다. 여기에 살되 새로운 여기를 꿈꾸는 일이자 "꿈"을 낳는 일이다. 그 꿈은 어떤 꿈일까.

그것은 어쩌면 다시 살기의 길 아닐까. "마음이 말간 소녀"(「나이를 찍다」)의 "환하고 둥글었던" 마음의 기차에 다시 탑승하는 것이다. 그러므로 시인이 낳는 꿈은 고통스러운 꿈이 아니라 부드럽고 맑은 꿈이다. 이것이 시인이 고통을 있는 그대로 바라보고, 미망에서 벗어나기 위해서 선택한 길이다. 부드럽고 맑은 꿈의 힘이 바로 시인이 시를 통해 추구하는 힘인 것이다. 그러니 "어둠 속에서/생각의 껍질을 벗겨내는/불면의 노동"(「불면」) 뒤에 맞이하는 "이마 위의 아침"(「불면」)의 햇살은 얼마나 눈부신 것인가. 그 눈부심의 힘으로 시인은 강을 벗어나 바다로 든다. 그리고 "벌떡이는 심장소리", 아마도 최초의 심장소리라고 할 만한 것들을 듣게 될 것이다. 시인의 시를 읽으면서 우리 또한 듣게 된다. "빛나는 말 한 마디"를, 그리고 우리는 알게 된다. 어느새 우리 몸이 허공에 둥실둥실 "공중부양"하고 있는 것을 말이다. 한 시인의 삶과 고뇌를 지나와 부드럽고 맑은 세계의 꿈을 듣는다는 일은 그러니 얼마나 소중한 것인가. '삶인 동시에 시'인 자리, 구원으로서의 '가능성'은 이렇게 완성되어 간다. 한 시인의 삶과 꿈과 시, 그것을 시인이 꿈꾸는 대지라고 불러도 좋지 않을까.

나는 이 해설의 마지막을 릴케의 두이노의 비가의 한 구절로 대신하고자 한다.

> 대지여, 이것이 그대가 원하는 것이 아닌가.
> 보이지 않게 우리 속에 살아 일어설 것을,
> 언젠가 보이지 않게 되는 것
> 이것이 그대의 꿈이 아닌가. 대지여! 보이지 않는 것이여,
>
> \- 릴케, 「두이노의 비가」

허문정 시집
어린 애인

2018년 4월 20일 인쇄
2018년 4월 30일 발행

지은이 | 허 문 정
펴낸이 | 강 경 호
인쇄 · 기획 | 도서출판 시와사람
등 록 | 1994년 6월 10일 제 05-01-0155호
주 소 | 광주시 동구 양림로119번길 21-1(학동)
전 화 | (062)224-5319
팩 스 | (062)225-5319
E-mail | jcapoet@hanmail.net

ISBN 978-89-5665-515-4 03810

값 10,000원

* 잘못된 책은 바꾸어 드립니다.

공급처 ■ 한국출판협동조합
경기도 파주시 탄현면 오금로 30
주문전화 (02)716-5616, 070-7119-1740